开动脑筋答题吧!

米小圈脑筋急转弯

米小圈益智系列
米小圈脑筋急转弯第二辑

北猫 编著

神灯变变变

四川少年儿童出版社

神灯变变变

今天，我们好朋友三人组相约到足球场去踢足球。像往常一样，我来进攻，姜小牙负责防守，铁头负责守门。虽然铁头每次扑球时，球都会打到他的脸上，但不可否认，他仍是一名出色的守门员。

今天的铁头更是超级厉害，居然把我五次射门的球全部扑了出来。

接着换成姜小牙进攻、我来防守了。铁头却喘着粗气阻止道：“不行了，我口渴了，我要喝水！”

于是，我们走到球场边，从书包里拿出自己的水壶。不巧的是，今天天气太热了，水早就被我们喝光了。

铁头口渴难耐地说：“不行！我太渴了，我要去学校外面买点儿水。”

姜小牙劝说道：“铁头，你再忍一会儿呗，这回轮到我进攻了。”

“我嗓子都快冒烟了，你俩玩吧。”铁头说完，拿起书包就要走。

突然，我灵机一动，对铁头说：“铁头，我们再玩一会儿。一会儿我请你喝酸梅汤怎么样？”

“酸梅汤！真的吗？”铁头听到“酸梅汤”三个字，顿时咽了一下口水，似乎没那么渴了。看来曹操他老人家的“望梅止渴”还是很管用的。

铁头拿起足球说：“好吧！我再坚持一会儿。米小圈，你一定要请我喝酸梅汤，不许耍赖。”

“放心吧，铁头。”

我们三个再次回到球场，踢起了足球。

然而，就在姜小牙准备射门时，他突然被地上的什么东西绊了一下，啪的一声趴在了地上。

我们赶快跑过去，问道：“姜小牙，你怎么样？”

姜小牙捂着脸大叫：“哎呀！疼、疼死我了。”

这时，铁头指着地上说："米小圈，你们看！"

我们向绊倒姜小牙的地方看去，原来是一个古铜色的、尖尖的东西，就像……就像茶壶的壶嘴。

铁头蹲下身子，用尽全力去拽那个壶嘴，竟然硬生生将那东西从土里拔了出来。没错！果然是一把铜茶壶。

姜小牙一下子来了精神："这一定是个古董，一定值很多钱。"他一把将茶壶抢了过去，"快让我看看是哪个朝代的。"他一边说，一边用袖子在茶壶上擦来擦去。茶壶的壶嘴里顿时冒出了青烟，吓得姜小牙一下子把茶壶扔到了地上。

这时，我们听到了一个陌生的声音："哎呀！疼死我了！是谁扔的茶壶？啊不！是谁扔的神灯？"

话音一落，轻烟散去，一位装扮古怪的男子出现在我们面前。可怕的是他竟然没有腿，腰部越往下越细，就像一条长长的尾巴；更可怕的是，他竟然悬浮在地面上。

姜小牙吓得大叫起来："救命啊，有怪物！"

古怪男子生气地说："别叫了，我又不会吃了你。你们都不看书的吗？我是《一千零一夜》里的神灯精灵啊！"

我赶紧问道："神灯？你说你是神灯而不是茶壶？"

古怪男子捋了捋自己的胡须，得意地说："没错！我就是神灯里的精灵，我的名字叫'察胡'。"

"那不还是茶壶吗？"我反问道。

神灯不耐烦地说："是什么无所谓了。我来问你们，

是谁把我从土里拔出来的？”

我赶快摆手：“不是我，绝对不是我！”

姜小牙赶快摇头：“也不是我，也绝对不是我！”

神灯板着脸向铁头飘过去。铁头害怕极了，闭着眼睛，从嘴里挤出一句：“对不起，我不该拔那个壶嘴。”

神灯突然露出笑容：“哈哈……拔得好，拔得好！谢谢你，小同学，是你救了我。我终于自由了，哈哈哈哈……为了感谢你的帮助，我可以满足你三个愿望。”

“啊？我救了你？”铁头一脸不明白地问。

神灯解释道：“没错！我中了诅咒，被困在了这灯里。幸亏你把我从土里拔了出来，不然我还不知道哪辈子才能见到这明媚的阳光呢！为了感谢你的帮助，我可以满足你三个愿望。”

“愿望？！”姜小牙一听，急忙说，“是我，是我把你擦亮的。也让我实现三个愿望吧！”

神灯收起了笑容：“哼！你把我扔在地上，我还没找你算账呢！我只能让这位小同学来许愿。”

铁头一听可以实现三个愿望，顿时不害怕了：“太棒了！我第一个愿望是……”

神灯打断了铁头：“等一下，我身上被下了诅咒，暂时无法施展法力，你得先帮我解除诅咒，我才能帮你实现愿望。”

我赶快问：“那怎样才能帮你解除诅咒呢？”

神灯从腰间拿出一些类似扑克牌的卡片，说道：“你们只要帮我解开这上面的谜题，就可以帮我解除诅咒。这些谜题太难了，我整整想了一百年都没想出答案。”

我们拿过卡片仔细看了看，一起哈哈大笑起来。

神灯却一脸严肃地说：“别笑了！你们看看这第一道谜题——阿拉丁有几个哥哥？我怎么会知道啊！我又不认识他！”

神灯这么一说，我们笑得更大声了。

铁头说："哈哈，这太简单了。阿拉丁有三个哥哥，分别叫阿拉甲、阿拉乙和阿拉丙。"

铁头说完，卡片瞬间变成了烟雾，消散在空气中。

神灯兴奋地尖叫起来："哇！你竟然解出了谜题，你太聪明了！"

铁头挠挠头，有点儿害羞。这是他第一次被人夸奖聪明。

神灯继续说道："你们快帮我解开剩下的谜题吧！"

我说道："在我们国家，这些不叫谜题，这叫脑筋急转弯。我们最喜欢解开这些脑筋急转弯了，包在我们身上！"

"好！只要你们解开这些什么弯，你们就是有天大的愿望我都会帮你们实现。"

铁头突然打断我们："我想喝点儿水再做脑筋急转弯。"

"不行，铁头！"我和姜小牙斩钉截铁地反对。

"好吧……"铁头使劲吞了一口口水。

为了给彼此打气，我们仨把手叠在一起，异口同声地喊道："兄弟齐心，其利断金！开始答题，耶！"

同学们，小朋友们，你们有什么特别想实现的愿望吗？如果有，那就快和我们一起解答这些脑筋急转弯题吧，说不定你的愿望就真的会实现！

谜题卡

第一套

第 1 题

晚上突然停电了，人们通常会先摸什么？

答案

摸黑。

你答对了吗？

第 2 题

什么井让人害怕？

答案

陷阱(井)。

你答对了吗？

第 3 题

后脑勺受伤的人怎么睡觉?

答案

闭着眼睛睡觉。

你答对了吗？

第 4 题

什么书从来不单独拿出来卖？

答案

说明书。

你答对了吗？

第 5 题

什么字要写半个月才能写完？

答案

“胖”字。

你答对了吗？

第 6 题

什么人总是高高在上？

答案

飞行员。

你答对了吗？

第 7 题

野鸡、山鸡、火鸡，哪种鸡经常被打？

答案

火鸡，因为打火机（鸡）。

你答对了吗？

第 8 题

“太”字去掉一点是什么字？

答案

人（“太”字去掉“一”和“点”）。

你答对了吗？

第 9 题

米饭在什么时候最香？

答案

饿的时候。

你答对了吗？

第 10 题

米的妈妈是谁?

答案

是“花”，
因为花生米。

你答对了吗？

第 11 题

米的外婆是谁？

答案

是"妙笔"，
因为妙笔生花。

你答对了吗？

第12题

什么花很难看清楚？

答案

眼花。

你答对了吗？

第13题

有个人很胖，他很苦恼。一次聚会时，大家却都称赞他很瘦。这是怎么回事?

你答对了吗？

答案 他参加的是超级肥胖人聚会。在所有人中，他算是瘦的。

第14题

糖、醋、油、盐，谁的工作量最少？

答案

盐，因为盐很咸（闲）。

你答对了吗？

第15题

什么东西新的和旧的一样值钱?

答案

钞票。

你答对了吗？

第 16 题

能被人抓住的风是什么风?

答案

麦克风。

你答对了吗？

第 17 题

什么人最会弄虚作假？

答案

魔术师。

你答对了吗？

第 18 题

积木倒了要重搭，
房子倒了要怎样？

答案

要逃命。

你答对了吗？

第一套题答完后

我们三个小伙伴经过不懈努力，终于把卡片上的脑筋急转弯题全部答完了。

神灯高兴地说："恭喜你，铁头小同学。你用自己的聪明才智答对了所有的题。"

"什么？铁头的聪明才智？"我和姜小牙一听就急了。明明大部分题都是我俩回答出来的，神灯却只表扬了铁头一个人。

铁头回头对我们说："嘻嘻，我这辈子最大的聪明才智就是交了你们两个好朋友。"

铁头嘴还挺甜，我俩瞬间就不生气了。

神灯继续说道："铁头小同学，接下来是你许愿的时候了。"

铁头说："好！我的第一个愿望是……是想喝一瓶酸梅汤。"

"好的，没问题。"神灯施展法力，迅速变出了一瓶酸梅汤。

"太棒了，可以喝酸梅汤啰！" 铁头打开盖子，咕嘟咕嘟地喝起了酸梅汤。

姜小牙批评道："喂！铁头，你的愿望也太简单了！"

"我都快渴死了！现在什么都不如一瓶酸梅汤重要。"

我批评道："铁头啊，你太不够朋友了！你就不能许愿变出三瓶酸梅汤来吗？我现在也很口渴呀！"

铁头拍了拍自己的脑门儿："哎呀！我真笨，我怎么没有想到！"

姜小牙正要继续批评铁头，神灯却拿出了第二套谜题卡："刚才说了，我会满足铁头小同学三个愿望。如果你们能把下面的题都答对，就可以实现第二个愿望。"

好了，我们现在开始答题。

怎么样？同学们，大家是否和我们一样，有信心把第二套谜题卡上的脑筋急转弯题全部答对呢？如果没有，那就赶快去找你的好朋友们，让他们和你一起答题吧！

谜题卡

第二套

第19题

路上遇到雨。（打一字）

答案

露。

你答对了吗？

第20题

到哪里可以自找苦吃?

答案

药店。

你答对了吗？

第21题

什么药可以拿来当饭吃?

答案

山药。

你答对了吗？

第22题

包子最怕什么？

你答对了吗？

答案

豆，因为豆沙（杀）包。

第23题

青春痘长在哪里，你不用担心？

答案

别人的脸上。

你答对了吗？

第24题

什么东西没到手时拼命抢，到了手里却要扔掉？

答案

篮球。

你答对了吗？

第25题

满满一杯饮料，如何才能先喝到杯底的部分呢？

答案

用吸管。

你答对了吗？

第26题

气球里面有空气，那游泳圈里面有什么？

答案

有人。

你答对了吗？

第 27 题

“先天”是指父母的遗传，那“后天”是指什么?

答案

后天是指明天的明天。

你答对了吗?

第28题

你妈妈小时候打过你吗?

答案 没有。因为我妈妈小的时候，我还没有出生呢。

你答对了吗？

第29题

什么动物没生病，人们却会经常买药给它吃?

答案

老鼠。

你答对了吗？

第 30 题

明明一天没有吃东西，为什么我不觉得饿？

答案

因为我不是明明。

你答对了吗？

第31题

熊冬眠时为什么会睡那么久？

答案

因为没人敢叫它起床。

你答对了吗？

第32题

有一种桶，越往里倒水越不会满，这是什么桶？

答案

自动冲水马桶。

你答对了吗？

第33题

什么东西越急越穿不上？

答案

穿针。

你答对了吗？

第34题

三个同学在玩跳棋，他们共玩了十五分钟，平均每个同学玩了多少分钟？

答案 十五分钟，因为他们是一起玩的。

你答对了吗？

第35题

一个学生的家就在学校旁边，为什么他上学却总迟到？

答案 他家旁边的学校并不是他上学的学校。

你答对了吗？

第36题

切洋葱会流泪。可是今天小圈妈切黄瓜时也流泪了，这是为什么？

答案

因为她切到手指了。

你答对了吗？

第二套题答完后

不出所料，我们再一次答对了所有的脑筋急转弯题。随着一张又一张卡片的消失，又到铁头许愿的时间了。

神灯飘到铁头面前：“铁头小同学，怎么样，这一次的愿望想好了吗？”

还没等铁头说话，姜小牙插嘴道：“铁头，我帮你想了一个绝佳的愿望，这个愿望就是……”

“不！不要说，我要自己许愿！”铁头不慌不忙地说道，“这次我的愿望是要五瓶酸梅汤。”

“好的，没问题！”神灯再次施展法力，变出了五瓶酸梅汤。

我和铁头拿起酸梅汤，一饮而尽。

铁头也拿了一瓶送给姜小牙，姜小牙却一脸不开心。

“你们傻不傻呀！如果我是铁头，我就许愿让自己获得五百万元钱，这样我们想喝多少酸梅汤就能喝多少了。”

“对呀！我怎么没想到！我们还可以买很多冰激凌吃。”铁头拍着自己的大脑袋，后悔不已。

“没错！还可以买很多漫画书。”我说道。

神灯劝告道：“小同学，做人可不要太贪心呀！”

铁头迫不及待地说：“快点儿开始下面的题吧，这次我要许一个五百万的愿望。”

“好吧！”神灯再一次拿出了卡片。答题开始！

小朋友们，马上就要迎来终极挑战了，快快和我们一起开动脑筋吧！

谜题卡

第三套

第37题

什么人一天时间就可以瘦五斤?

答案

刚生完宝宝的阿姨。

你答对了吗？

第38题

叫什么名字最辛苦?

答案

丽丽，因为粒粒（丽丽）皆辛苦。

你答对了吗？

第39题

只切四刀，把一个西瓜切成九块，该怎么切？

答案

按照“井”字形切。

你答对了吗？

第40题

当你问对方什么问题时，对方若回答，一定会告诉你“没有”？

答案

睡着了没有?

你答对了吗？

第41题

小张每天都在乱花钱，到最后成了百万富翁，这是为什么？

答案

小张以前是亿万富翁。

你答对了吗？

第 42 题

小明住在一栋楼房里，可他为什么每次出门还得上楼？

答案

小明家在地下室。

你答对了吗？

第43题

用哪三个字可以回答一切难题?

答案

不知道。

你答对了吗？

第44题

一个球被踢进了一筐鸡蛋里面，筐里的鸡蛋却一个都没有破，为什么？

答案

那是一个气球。

你答对了吗？

第45题

一只羊一年能吃掉草地上一半的草，那这只羊几年能吃光这片草地？

你答对了吗？

答案

永远吃不光，因为草会不断生长。

八十年后……

第46题

李叔叔做事总是拖泥带水，可他却依然得到了上司的表扬，为什么？

答案

因为李叔叔是一名泥瓦匠。

你答对了吗？

第 47 题

有一样东西可以托起一百公斤重的橡木，却托不起一斤重的沙子，你知道是什么东西吗？

答案

水。

你答对了吗？

第 48 题

老张十分喜爱阅读，一读起书来就忘记时间。有一天半夜突然停电了，老张却依然把书看完了，这是怎么回事？

答案

老张是盲人，
他读的是盲文书。

第 49 题

有一个吝啬鬼，他的眼睛明明很好，可他却总看盲文书，这是为什么？

你答对了吗？

答案 这样他晚上看书时就不用开灯啦，多省电呀！

第50题

唐僧和悟空走了一天的路，累极了。可睡得正香时，悟空非要把唐僧叫醒不可，这是为什么？

答案

唐僧说梦话，念起了紧箍咒。

你答对了吗？

第 51 题

为什么青蛙跳得比树高？

答案

因为树根本就不会跳。

你答对了吗？

第52题

一条鱼和一只青蛙比赛游泳，平常都是鱼游得快，而这一次比赛却是青蛙赢了，为什么？

答案

因为这一次是蛙泳比赛。

你答对了吗？

第53题

小凡在一场激烈的枪战中，身中数弹，流血不止。然而，不一会儿，他仍能精神百倍地回家吃饭，为什么？

答案

他在拍戏。

你答对了吗？

第 54 题

一座桥上面立了一个牌子，牌子上写着：不准过桥。但是大家依然走过桥去。这是为什么？

答案

这座桥的名字叫“不准过桥”。

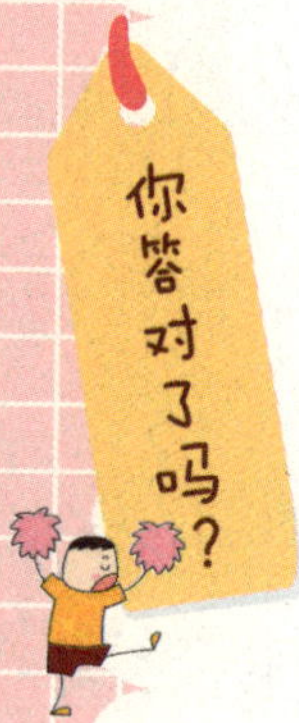

第 55 题

一只十分饥饿的猫，看见一只老鼠却立刻跑了，这是为什么？

答案

它跑去抓老鼠。

你答对了吗？

让人出乎意料的结局

第三套谜题卡只剩下最后一道题了，此刻，我们既兴奋又紧张。兴奋的是，如果答出这最后一道题，我们就可以许那个五百万的愿望了；紧张的是，一旦没有答出来，那我们就前功尽弃了。

神灯拿着最后一张卡片，念道："请听题。左是山，右是山，上是山，下是山，山连山，山靠山，山咬山，不是山。打一个字。"

"怎么这么多'山'啊！"铁头摸着自己的大脑袋，自言自语道。

是啊，这么多“山”，怎么可能是一个字？

时间一分一秒地过去，我们三个小伙伴用尽了全部脑细胞，还是没有想到答案。怎么办？怎么办？

就在这时，铁头大叫一声：“哎呀！我知道答案了。”

“铁头，你快说！”

“答案就是……就是许多山。哈哈，一定是这样的。”

神灯追问道：“你确定吗？”

我和姜小牙赶快说：“不确定，不确定。”

“为什么不确定？”铁头一脸茫然地问。

我解释道：“铁头，这道题的答案是一个字，你的答案是三个字，显然是错的。”

这时，又有人大喊了一声：“我知道答案了。”这次这个一惊一乍的人是姜小牙。

姜小牙得意地笑着：“哈哈，我知道答案了。答案是个‘田’字。”

我和铁头问道：“为什么是个‘田’字？”

“你们想啊，‘田’字从左边看，右边看，上面看，下面看，都有一个‘山’字。”

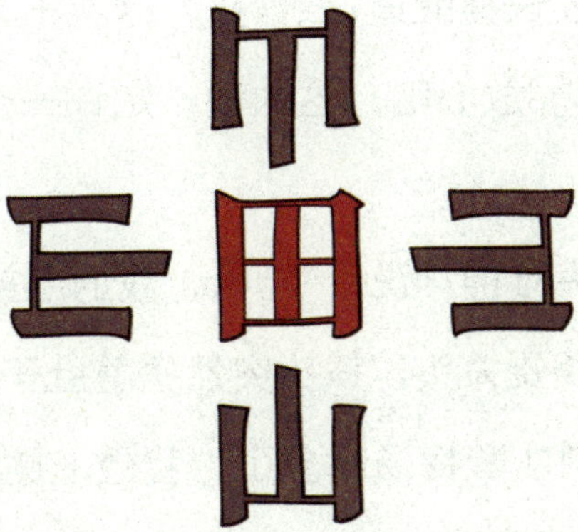

这时，神灯手里的最后一张卡片消失在空气中。

神灯微笑着说：“没错！就是‘田’字。铁头小同学，你太聪明了！”

姜小牙质疑道：“什么？明明是我说对了，怎么又变成铁头聪明了！”

“无所谓了，反正你们获得了第三次许愿的机会。铁头小同学，快来许愿吧！”

铁头提高嗓门儿说道：“好的！”

姜小牙赶快提醒道：“铁头，这次千万别说错了。”

铁头说：“放心吧，这次我一定许一个五百万的愿望。”

铁头转头对神灯说：“哈哈，我的愿望是……”

就在这紧要关头，铁头突然捂着肚子，说道：“哎呀！不好，刚才酸梅汤喝多了，我想上厕所。”

“好的，没问题。现在就帮你实现愿望。” 神灯爽快地答应了。

神灯施展法力，迅速变出了一个移动厕所。

铁头说：“太棒了，等我上完厕所再来许愿。”

我和姜小牙欲哭无泪地看着铁头跑进了厕所。

铁头如厕后，神灯称赞道：“哎呀！铁头小同学是我见过最不贪心的人。有的人想要一栋别墅，有的人想要一架飞机，还有的人想要五百万。只有铁头小同学，要了六瓶酸梅汤和一个厕所。真的太让我意外了。”

姜小牙赶紧解释道：“意外、刚才绝对是个意外！刚刚铁头不是在许愿，他只是想上趟厕所。”

“那可不行！我的法力就这么多，只能满足你们三个愿望。好了！没时间了，我得走了。很高兴认识你们，再见！”

我挽留道：“神灯别走，求你了，再让铁头重新许个愿吧！”

我还没说完，只见神灯化作金色的沙粒，消散在空气中。

这时，铁头提着裤子从厕所里走了出来，问道：“神灯呢？”

我和姜小牙愤怒地看着铁头：“神灯已经走了。”

“他怎么能走呢？我还没许愿呢！”铁头完全没意识到刚才自己上了一趟价值五百万的厕所。

我强忍悲愤，问道：“铁头，你刚才厕所上得舒服吗？”

“舒服呀，怎么了？”

“嗯，那个就是你实现的第三个愿望。”

“什么？不可能！”铁头一听急了，朝天上喊去，

“神灯，你快回来！刚才那个不算数，我要买冰激凌！”

我补充道：“我要买漫画书！”

“我要买遥控汽车！”姜小牙也补充道。

可是，天空安安静静的，没有任何回应。我们三人抱头痛哭起来。

图书在版编目（C I P）数据

神灯变变变 / 北猫编著. —成都：四川少年儿童出版社，2020.5（2021.5 重印）
（米小圈脑筋急转弯）
ISBN 978-7-5365-9344-2

Ⅰ. ①神… Ⅱ. ①北… Ⅲ. ①智力游戏—儿童读物
Ⅳ. ①G898.2

中国版本图书馆 CIP 数据核字（2020）第 069149 号

出 版 人　常　青

策　　划　明　琴
责任编辑　明　琴　王姝菡
封面设计　李乐欣
责任校对　张舒平
责任印制　王　春

SHENDENG BIAN BIAN BIAN

书　　名　神灯变变变
编　　著　北　猫
出　　版　四川少年儿童出版社
地　　址　成都市槐树街 2 号
网　　址　http://www.sccph.com.cn
网　　店　http://scsnetcbs.tmall.com
经　　销　新华书店
图文制作　喜唐平面设计工作室
印　　刷　四川华龙印务有限公司
成品尺寸　170mm × 150mm
开　　本　24
印　　张　6
字　　数　120 千
版　　次　2020 年 6 月第 1 版
印　　次　2021 年 5 月第 15 次印刷
书　　号　ISBN 978-7-5365-9344-2
定　　价　16.00 元

神灯变变变

小朋友们，想把发生在你身边的趣事告诉北猫叔叔吗？

快快拿起手机，给他发送微信吧！等你哟！

找 到北猫叔叔

听 “米小圈”广播剧

获 得米小圈定制文具

抽 奖得北猫叔叔签名书

快来扫一扫吧！